# Tenderos

Julie Murray

Abdo Kids Junior es una
subdivisión de Abdo Kids
abdobooks.com

Abdo
TRABAJOS EN MI
COMUNIDAD
Kids

**abdobooks.com**

Published by Abdo Kids, a division of ABDO, P.O. Box 398166, Minneapolis, Minnesota 55439.
Copyright © 2023 by Abdo Consulting Group, Inc. International copyrights reserved in all countries.
No part of this book may be reproduced in any form without written permission from the publisher.
Abdo Kids Junior™ is a trademark and logo of Abdo Kids.

Printed in the United States of America, North Mankato, Minnesota.

052022

092022

 THIS BOOK CONTAINS
RECYCLED MATERIALS

Spanish Translator: Maria Puchol

Photo Credits: iStock, Shutterstock

Production Contributors: Teddy Borth, Jennie Forsberg, Grace Hansen

Design Contributors: Candice Keimig, Dorothy Toth

Library of Congress Control Number: 2021951551

Publisher's Cataloging-in-Publication Data

Names: Murray, Julie, author.

Title: Tenderos/ by Julie Murray.

Other title: Grocery Store Workers. Spanish

Description: Minneapolis, Minnesota: Abdo Kids, 2023. | Series: Trabajos en mi comunidad

Identifiers: ISBN 9781098263256 (lib.bdg.) | ISBN 9781644948668 (pbk.) | ISBN 9781098263812
(ebook)

Subjects: LCSH: Grocery trade--Juvenile literature. | Community life--Juvenile literature. | Occupations--
Juvenile literature. | Cities and towns--Juvenile literature. | Spanish language materials--Juvenile
literature.

Classification: DDC 381.41--dc23

# Contenido

# Tenderos

¡La tienda está abierta!
Muchas personas trabajan
en las tiendas.

Sue está en la pastelería. Ella hace productos horneados.

Dani tiene manzanas rojas.

Las coloca en el estante.

Larry trabaja en la **charcutería**. Atiende a Fay.

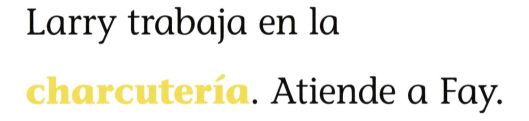

Liz **almacena** las estanterías.

Alinea los frascos.

Evan es cajero. Él escanea
los productos.

Liam pone la comida
en bolsas.

Erin limpia la tienda.

¡Usa una máquina

fregadora de suelos!

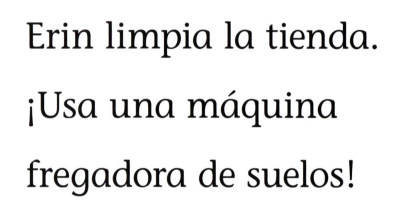

Todd trabaja fuera de la tienda. Recoge los carritos de la compra.

# El material de trabajo del tendero

alimentos

una caja registradora

los carritos de la compra

los suministros de limpieza

# Glosario

**almacenar**
tener listo para vender.

**charcutería**
tienda o sección de una tienda
dedicada a vender comida para
llevar, carnes frías y quesos.

# Índice

**Abdo Kids**
**ONLINE**
FREE! ONLINE MULTIMEDIA RESOURCES

¡Visita nuestra página **abdokids.com** y usa este código para tener acceso a juegos, manualidades, videos y mucho más!
*Los recursos de internet están en inglés.*

Usa este código Abdo Kids

## MGK5829

¡o escanea este código QR!